BIBLIOGRAPHIE

LA FRANCHE-COMTÉ

DE M. BOUCHOT

PAR

SANCHO PANÇA

DE DOLE-EN-AMAOUS

DOLE

IMPRIMERIE L. ABRIOT

1890

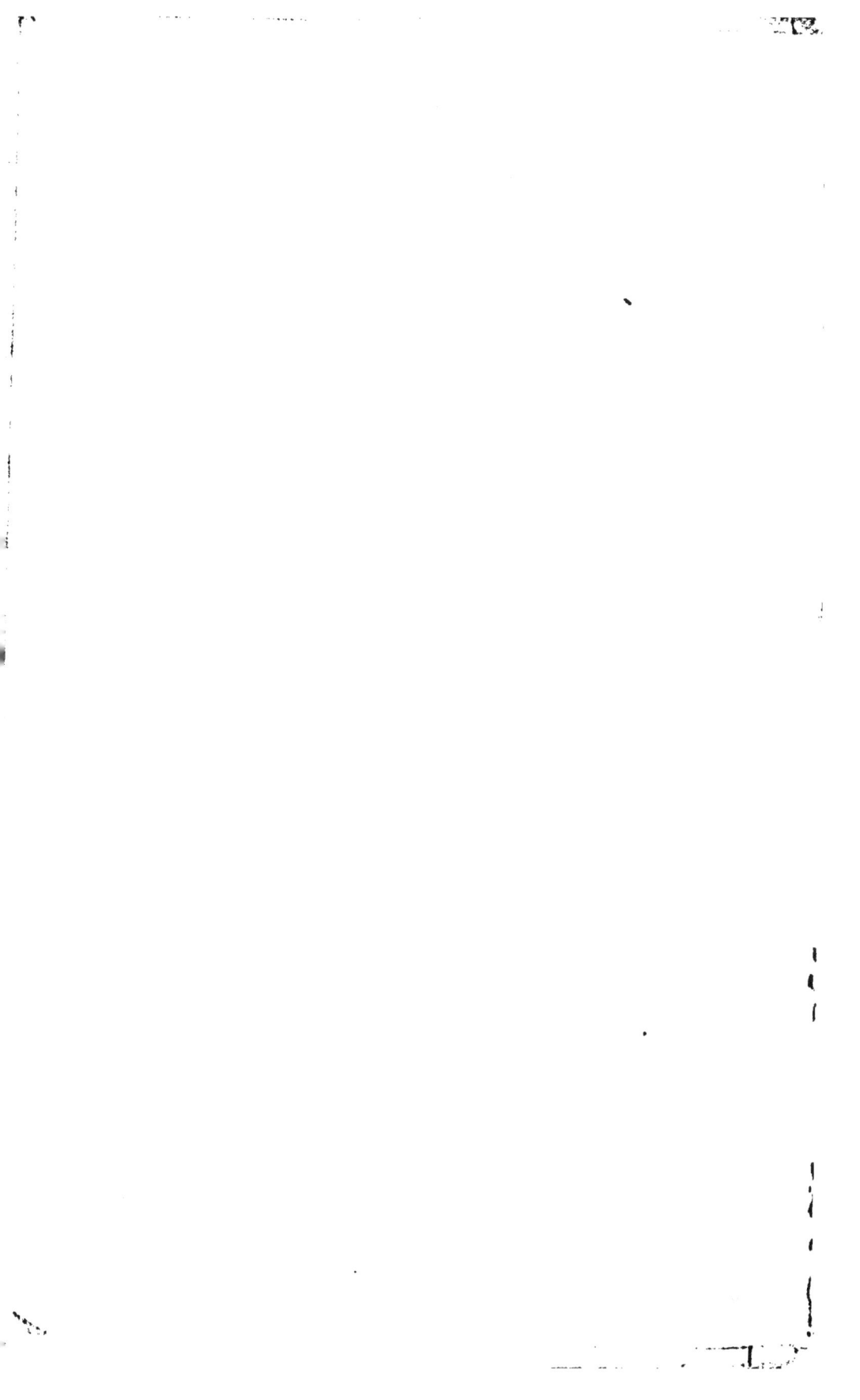

La Franche-Comté

DE M. BOUCHOT

—⸰⸱⸲⸳⸲⸱⸰—

L'*Avenir du Jura* du 26 juillet dernier
publie de M. Bouchot, auteur d'un gros
volume ayant pour titre *la Franche-Comté*,
une lettre dans laquelle il nous confesse
avoir reçu chaque semaine, depuis l'appari-
tion de son livre, une bordée d'injures par la
voie de la poste. Tantôt c'est un Alsacien
qui traite l'auteur d'âne pour avoir assimilé
le patois d'Alsace à un dialecte allemand,
tantôt c'est un habitant des Bouchoux qui
l'appelle jésuite, ou quelqu'un de Tavaux
qui le taxe d'irréligion. M. Bouchot s'étonne
de ce déchaînement de colères. Pour notre
compte, si nous avons lieu d'être surpris sur
ce point, c'est que les manifestations hostiles
à l'auteur ne soient pas beaucoup plus nom-
breuses.

M. Bouchot ayant jugé spirituel de gouailler ses compatriotes pendant près de cinq cents pages, qu'il soit permis à un vieux Franc-Comtois de lui dire sans acrimonie qu'il s'est étrangement trompé. Notre vieille gaîté gauloise n'a sans doute rien perdu de ses droits, mais encore convient-il de ne pas l'exercer abusivement aux dépens de braves gens sans défense.

En exhalant ses plaintes, M. Bouchot a perdu une belle occasion d'imiter « de Conrard le silence prudent, » et m'en fournit une non moins belle de lui faire savoir ce que les Francs-Comtois pensent et de lui et de son ouvrage.

L'intention de l'auteur, c'est lui qui nous en avertit dans l'Introduction, n'a pas été de rédiger un guide historié ou une compilation érudite, mais de décrire la physionomie moderne de notre Franche-Comté.

Cet avertissement n'était pas inutile, car le texte de la *Franche-Comté* ferait en effet un fort mauvais guide. Nous ne nous sommes pas donné la peine de relever toutes les erreurs que nous y avons rencontrées ; qu'il nous suffise d'en signaler quelques-unes concernant notre ville. M. Bouchot

loge la sous-préfecture, le musée et la bibliothèque aux Cordeliers. Or, chacun sait
ici que la sous-préfecture occupe depuis
soixante-cinq ans l'ancien hôtel de la famille
Terray de Monciel. Le musée et la bibliothèque sont dans les bâtiments du Collège de
l'Arc ; la seule bibliothèque qu'il y ait aux
Cordeliers est la bibliothèque de cave de
M. Francis Ell.

Le *lunatic asylum* de la Province, asile
des aliénés pour ceux qui ne savent pas
l'anglais, ne se trouve pas aux Capucins,
faubourg de Dole, mais bien dans l'ancienne
maison des Carmes, voisine des Cordeliers.
Dans l'église paroissiale, les verrières de
l'abside n'ont rien à voir avec le bon vieux
temps, elles ne comptent pas quarante années
d'existence. Quant à l'hotel-de-ville, décrit
avec complaisance, voilà tantôt dix ans qu'il
a été jeté à bas.

L'écrivain a parfaitement réussi égale-
ment, nous l'avouons sans peine, à éviter
l'abus de l'érudition. Aucune digression
scientifique, pas même archéologique, ce
qui a le droit d'étonner de la part d'un
archiviste-paléographe. Il se soucie des
vieux tessons et des vieilles murailles

comme un poisson d'une pomme et n'a pas
assez de quolibets pour les vieux messieurs
qui les étudient. Le véritable motif de cette
attitude ne réside pas plus dans la crainte
de mettre à l'épreuve la patience de son lecteur que dans celle d'être accusé de pédan-
tisme, mais, comme on le verra, dans le
désir d'être original à tout prix.

Les manifestations de la science en agri-
culture et dans l'industrie ne reçoivent pas
meilleur accueil. Je ne doute pas qu'on ait
voulu ici épargner au lecteur des descrip-
tions ennuyeuses ; mais n'y a-t-il pas là
surtout, pour l'auteur, un moyen habile
d'esquiver des développements techniques
embarrassants ? Qu'on en juge. Prenons le
passage relatif à Fraisans et à Moulin-
Rouge. C'est un paysan qui a la parole.
«... La grande fumée noire, c'est Fraisans-
les-Forges ; ça a mieux marché que ça ne
marche. La raison pourquoi ? je ne saurais
dire, suffit cependant que ça fume moins...
Encore une mécanique, le Moulin-Rouge, où
on fait des tas de choses avec du bois, même-
ment du sucre, de la vanille, et tout le trem-
blement... » Cette façon sommaire de décrire
les industries comtoises n'est pas pour nous

satisfaire, ni bien d'autres non plus, n'est-ce pas, M. Crébely ?

Lorsque par mégarde il pousse une pointe sur le terrain scientifique, l'écrivain n'est pas toujours heureux. Est-il bien sûr notamment, ainsi qu'il l'affirme quelque part, que la domination wurtembergeoise n'ait pas laissé de traces dans les coutumes ou le langage du pays de Montbéliard ? Sans entrer en discussion avec lui sur ce point, nous pouvons tout au moins lui faire remarquer que le mot *bóbes* de la chanson patoise des *Bóbes de Tchicoremont*, laquelle il nous donne tout au long, est d'origine allemande et n'est pas usité dans le reste de la Franche-Comté. Cet exemple de mot importé n'est du reste pas le seul.

Fixer l'attention du lecteur pendant 450 pages in-4°, tel était l'un des problèmes à résoudre par M. Bouchot en écrivant *la Franche-Comté*. A-t-il réussi dans cette partie de sa tâche ? Quels procédés a-t-il employés pour tendre à son but ? Ce sont là deux questions que nous allons examiner.

L'auteur a obéi à deux préoccupations visibles : émettre le plus possible des idées originales, les exprimer dans un style personnel, aux couleurs variées, éclatantes et

rares. Pour n'être point banal, rien de plus
facile : voici la formule de M. Bouchot. Dans
la partie civilisée de notre pauvre globe
terraqué, il y a un certain nombre d'idées
généralement admises ; prenez-en exacte-
ment le contre-pied, et ensuite déversez le ridi-
cule et la gouaillerie sur les choses qui vous
auraient fourni ces idées vieux jeu. Si vous
décrivez un site ou un monument, ayez soin
de ne pas oublier la note triviale, votre des-
cription prendra immédiatement un caractère original. Appliquez sans crainte, et
aussitôt vous planerez au-dessus du *profanum
culgus*. Voulez-vous des exemples ?

Les nouveaux modes de culture passaient
pour un progrès ; c'est une erreur, et le
plus grand mérite des paysans comtois « est
bien de ne pas encore s'être laissé surprendre
aux nivellements scientifiques de leurs maî-
tres d'école. » Ils ont raison de se moquer des
houes à vapeur, des herses mécaniques et
des guanos péruviens.

Il est communément reçu que Mairet, un
Franc-Comtois, et Gilbert, qui a fait ses
études au Collège de l'Arc, sont des poètes de
valeur. Gardez-vous d'en croire un mot.
Mairet « écrivait des vers sans art et sans

mesure » et Gilbert « ne fut ni malheureux
ni poète. »

Si vous avez jusqu'ici pensé naïvement
que la Porte-Noire de Besançon constituait
un reste précieux de la civilisation romaine
en Gaule, hâtez-vous de changer d'avis, ce
n'est qu'un « débris inutile et encombrant. »

Et les géologues, archéologues et autres
savants en *us* ? Toutes ces antiques perru-
ques qui se mêlent d'étudier les cailloux, les
vieilles pierres et les poteries fêlées, de
parler et d'écrire en latin et même en français, sont de vieux fous qui prennent des
vessies pour des lanternes. Ils ressemblent
tous à ce personnage d'une comédie de
Labiche qui avait cru de bonne foi, en
déterrant des morceaux d'un saladier, mettre
la main sur des fragments de vase étrusque.

Joignez à cela tout ce qui, en Comté, ne
parle pas patois, et vous serez effrayé de la
collection de pédants qui infeste la Province.
Vous en trouvez partout. Pédants, les gens
de la société bisontine, « versificateurs,
quintessenciés, parlant latin ou français sans
rompeure ; » pédants, « les bons licenciés de
Salamanque » à Dole ; pédante, la ville de
Montbéliard en bloc, jusqu'au crayon de

Cuvier inclusivement ; pédantes, les statues
de l'hôtel-de-ville de Gray. Mais nous n'en
finirions pas.

Je me permettrai d'ouvrir ici une paren-
thèse et de poser une question au lecteur.

Lequel, à son avis, lui semble le plus
pédant, de celui qui a publié un mémoire sur
l'emplacement d'Alésia ou sur les fossiles de
l'étage oxfordien, ou bien de celui qui appelle
le Doubs Meschacebé comtois, le Mont-
Roland Chimboraço, l'abbaye de Luxeuil
Escurial de la cité, et qui écrit des phrases
dans le goût de celles-ci :

A la fin du siècle, nous aurons « des
squares phtisiques et des statues déhanchées
qui marqueront la minute moderne dans sa
régularité béate. »

« Au dessus d'une fontaine, la statue du
général Lecourbe intéresse l'ennui mortel
d'une place .. »

« Quand, par la route d'Auxonne, on
monte jusqu'à lui (à Pesmes), les oxygènes
allègent les membres, des faces hilares et
rouges vous souhaitent tacitement la bien-
venue au domaine égayé du docteur Ox. »

Cela suffit. Il n'y a pas d'erreur, n'est-ce
pas ?

Quant à dire dans quelle langue M. Bou
chot a écrit sa *Franche-Comté*, on ne le sau-
rait trop. *Grammatici certant*. Les uns
penchent pour le français, d'autres pour le
patois, enfin il en est qui n'osent hasarder
une opinion. Le style de l'ouvrage est, en
effet, tout à fait particulier. « On y rencon-
tre, dit M. Beauquier (1), des mots rares, de
toutes les origines, de toutes les prove-
nances, depuis les vocables du moyen-âge
et du seizième siècle jusqu'aux expressions
les plus actuelles, en passant par les divers
patois de Franche-Comté. Toujours irrévé-
rencieux, M. Bouchot traite Vaugelas, l'Académie et même Littré avec la plus parfaite
désinvolture. Il ne s'inquiète pas de savoir
si l'expression qu'il emploie figure dans une
de ces nomenclatures officielles qu'on appelle
les Dictionnaires de la langue française ; elle
lui plaît par son caractère moderne, archaï-
que ou local, il s'en sert, sans plus de souci
du qu'en dira-t-on. Souvent même il se
passe la fantaisie de forger des mots nouveaux. »

En somme, cela fait un manteau d'Arle-
quin aux couleurs bizarres et criardes, pail-

(1) *Temps* du 26 juin 1890.

leté de clinquant, et, par suite, de fort
mauvais goût. Sans compter que l'auteur,
pour se rendre intelligible, eût sagement fait
d'accompagner son texte d'un lexique et de
commentaires. Car enfin, on a beau être
Comtois et patoisant, on n'est pas obligé
d'entendre le patois de nos trois départe-
ments. Je sais ce qu'on appelle ici une
talvane, un *trappon* de cave, mais combien
d'autres l'ignorent ! Les chansons patoises
dont on nous sature demandaient même une
traduction. Le lexique nous eût fait connaître
aussi la signification de mots tels que *turne*,
nom que j'ai vainement cherché dans votre
dictionnaire, Messieurs de l'Académie française ! Un adjectif qui revient plusieurs fois
m'a particulièrement déconcerté, c'est *scalabreux*. *Quid* de *scalabreux ?* ô vénérable
Sarcey ! Les commentaires nous eussent
donné raison de phrases comme celles que
nous avons citées plus haut sur les squares
phtisiques, la statue de Lecourbe, les oxygènes de Pesmes et la suivante, auxquelles
nous pourrions joindre beaucoup d'autres :

« Un autre débris médiéval tient sa cour
en amont de Ray, dans une prouesse
ombreuse de bouquets d'arbres. » (Page 366.)

Nous n'insisterons pas davantage sur cette

façon d'écrire qui n'a du reste rien de nou-
veau. puisque Rabelais s'en est moqué de la
façon que l'on sait dans le chapitre de *Pan-*
tagruel intitulé : *Comment Pantagruel ren-*
contra un Limousin qui contrefaisoit le
langaige françois.

« Peut-être relèvera-t-on dans cet ouvrage
de chauds enthousiasmes, » nous dit l'Introduction. Nous en avons relevé, en effet, mais
ils sont trop rares à notre gré. Par contre,
la manie railleuse, dédaigneuse et dénigrante
de l'auteur s'est donné libre carrière ; et
c'est de là, sans nul doute, que sont nés,
chez ses compatriotes, les froissements dont
il nous fait part.

Peu de villes ont l'heur de lui plaire. Les
habitants de Besançon « se divisent en deux
classes distinctes, les vignerons patoisant à
outrance et les gens de la société, pédants,
.versificateurs.. . » Montbéliard est « une ville
calme, endormie, plutôt pédante. » « Le puri-
tanisme des confessions réformées a jeté sur
le lieu (la place Saint-Martin) sa note
casanière et renfrognée ; Cuvier merveilleu-
sement à l'unisson de ce calme froid avec sa
lévite cléricale, sa face de rêveur, et le
crayon pédant qu'il manie comme un cru-

cifix. » Ornans est un Molinchard, un Lan-
dernau. A Poligny, on ne peut y entrer
« sans penser aux bourgeois de Molinchard
établis derrière leurs persiennes fermées,
cherchant à surprendre les secrets, occupés
de leurs voisins, vivant la vie d'autrui du
jour de l'an à la Saint-Sylvestre, sans relâ-
che ni merci. »

Mais c'est surtout Dole qui est arrangé de
la belle façon. On se perd en conjectures sur
les causes qui ont pu amener sous sa plume
des appréciations aussi sévères. M. Bouchot
aurait-il été mécontent de la réception qui
lui a été faite lors des fêtes du 14 juillet
1884 ? Le dîner qui lui a été gracieusement
offert le soir de ce même jour lui serait-il
resté sur le cœur ? Mystère. Je connais de
vieux Dolois qui lui veulent mal de mort ;
d'autres, en revanche, et c'est le grand nombre, ne font que s'en gaudir. Nous en avons
vu bien d'autres. Les traits de M. Bouchot
sont extraits du même carquois que le *telum
imbelle sine ictu* de Virgile.

D'après lui, Dole moderne cherche « à
dissimuler ses vieilleries comme une honte. »
C'est « une dame âgée, une douairière à
prétentions. » Besançon lui a joué le mauvais

tour de « la réduire à peu de chose, une
sous-préfecture de moyenne classe, une
manière de canton d'importance nulle, pres-
que la moindre des villes dont elle avait eu
la suzeraineté jadis et la direction suprême...
Elle en garde une bouderie ennuyée, elle se
renfrogne, et, pour mieux faire, elle tente de
se raccrocher à des espoirs fous, elle veut
redevenir... » « Vu du chemin de fer, Dole
paraît un gros village neuf, ni plus ni
moins... » La Cave d'Enfer « est tombée
entre les mains de braves gens qui l'ont
encombrée, vilainement remuée. Macoco, le
Canaque, n'eût pas montré mieux son dédain
des histoires passées et son insouciance bar-
bare. Une plaque commémorative raconte
bien l'odyssée (*sic*) des combattants obscurs
d'autrefois, mais pensez qu'un jour on en
fera une dalle de pavage, comme ce roi
nègre qui se ficelait des épaulettes aux pieds
en guise de sandales... Bien que morts
depuis plus longtemps, les Dolois de la Cave
n'en veulent pas moins d'égards que leurs
cadets de la mauvaise année ; ils ont semé
leurs os dans ce coin, ils sont tombés
superbement, ils méritent bien un suaire qui
ne soit pas de cotonnade à soixante-quinze

centimes le mètre. » (1) Le clocher crève les
nuages, « suffisant comme un bourgeois de
petite ville,' tout fier d'être le premier à
Corinthe. » Le Collège, une geôle, est « aussi
dépourvu de grâce que les vers de Gilbert
l'étaient de poésie... » « Un peu de castil-
lannerie, un soupçon d'emphase madrilène
s'est accroché aux pierres (des vieilles maisons) et y est demeuré ; ceux qui savent bien
voir vous diraient même que les Dolois ont
fait comme leurs maisons, et que les matu-
mores transpyrénéens n'y sont point aussi
rares que le pourraient laisser supposer les
distances. Dans le nombre, vous rencontre-
riez les Don Quichotte scalabreux et exces-
sifs, prêts à piquer les moulins à vent d'une
lance, les Sancho Pança raisonneurs, tran-
quilles et sensés, avec, par dessus le marché, les bons licenciés pédants de Salamanque »

Ce n'est pas tout ; mais nous ne voulons
pas priver ceux qui ne connaissent *la
Franche-Comté* que de nom, du plaisir d'y
lire le reste, plaisir qu'ils peuvent se procurer
moyennant soixante francs.

(1) Passage qui paraîtra obscur à ceux qui ignorent qu'actuellement la Cave d'Enfer est un magasin
de toilerie.

Il serait injuste, avant de quitter ce sujet, de passer sous silence la partie artistique et typographique de l'œuvre. Le travail de M. Eugène Sadoux constitue certainement le recueil de vues à la fois le plus complet, le plus original et le plus soigné que nous ayons sur la Province. Quant à l'exécution matérielle, elle est digne en tous points de l'excellente réputation de la maison Plon et Nourrit.

Quel bel ouvrage ferait *la Franche-Comté*, s'il n'y avait un texte !

SANCHO PANÇA.

Dole en-Amaous, 1ᵉʳ août 1880.

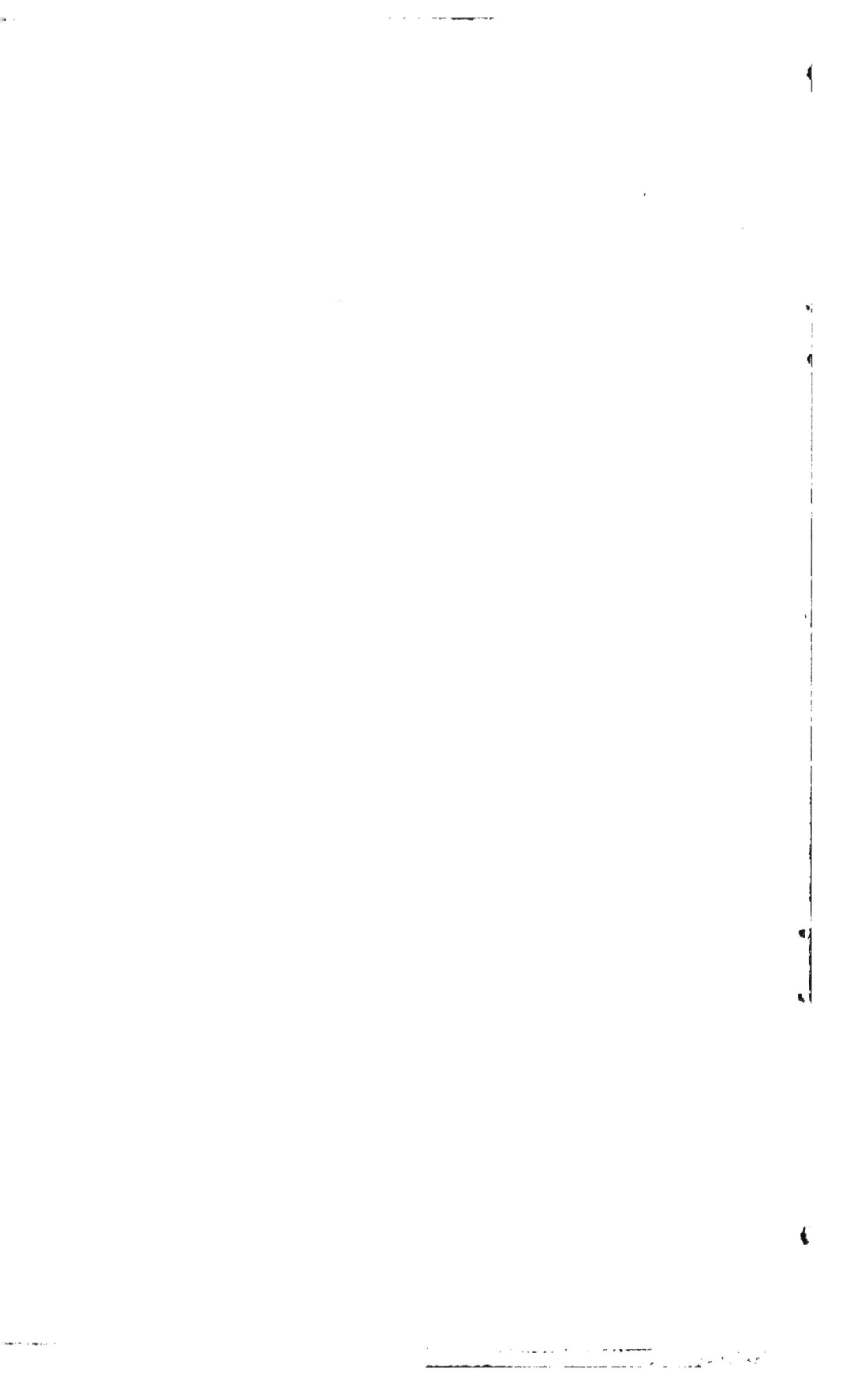